A RUMINATIVE HEART

A RUMINATIVE HEART

Thoughts, experiences, feelings got penned and became poems. A ruminative heart is a collection of all of these.

AKANKSHA SINGH

PAPER TOWNS
PUBLISHERS

PAPER TOWNS
PUBLISHERS

First published by
Papertowns Publishers
72, Vishwanath Dham Colony,
Niwaru Road, Jhotwara,
Jaipur, 302012

A Ruminative Heart

ISBN Print Book – 978-93-94670-00-6

Cover by Neha Agrawal
nehaa.2089@gmail.com

To my parents

Mr. R.B Singh and Mrs. Nirmala Singh

ABOUT

A ruminative heart is a collection of poems. Every soul deals with the same set of human emotions, albeit in a different manner. Emotions connect every living being. Emotions are nothing but thoughts coming out from mind, feelings coming out from heart and experiences coming out from life.

This book is dedicated to every heart that thinks too much, that feels too much and that lives too much.

CONTENTS

The art of sagacity

Stars are there
Shining in the dark.
Timid has gone by
Beauty has come so far.
The roles have shadow play
On which destiny relay.
Let everything play its part
Let beauty be a charismatic art.
The charisma is not what all cherish
It's only a few ones who will relish.
Let everything go by
make nothing stay.
Let there be time's play.
Until now you have lived realities of people.
Now live your own illusion
Better have a sweet delusion.
Changing weathers will not be on nerves
If there is immunity for irrespective serves.
Once you reach the relative grounds
sides of greener sides will no longer be seen as profound.

Life is always heading

Life is always heading
And we are taken along.
Dreams and desires lead their way
Becoming imperative part of its play.
Our assessments can go all wrong
we will be left to head as destiny wants.
Sometimes, efforts will lose over luck
Juggling over life's puzzle will make us stuck.
Life will give us the share we deserve
Before that it will teach us to observe.
All we have to do is flow with the things
that are meant to be.
Because there is nothing
as responsive as life can be.
As life is always heading
And we are taken along

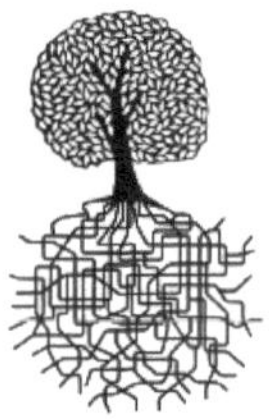

Deliverances

Deep down, we all know what is real
but it's about the desires to live the rare.
It's a pivotal truth that we do expect
We do get hurt

We accept and we move on.

Deep inside we still remain stuck.
What we wish is just a wish

But what we choose to live is our choice

Whether to fix or relinquish the broken self.

Be mindful

Life is so unpredictable

And we have to deal with its limitations.
It always leads in pre decided destinations.
We don't cross path here.
We simply march on the laid ones.
We complain about its uncertainties.
We fail to believe in its faith magically.
We have only our set of imaginations amidst the art of this universe.
We try to fly our best with our wings, forgetting sky is the limit in all directions.
No one can expect life in predications because life is in present moment.
Life has surely its own beauty and one should live in its enchantments.

The universe is with you

The moon phases itself to be full again.
The moon lives its lowest
Even gives in to its fate in the darkest night.
But it rises, rises again
In its fullest and brightest form.
The universe lives itself
What we call as life.
The universe functions the same way
As every life in this paradise.

Love is what you believe

I believe love as eternity.

I believe love as purity.

I believe love as selflessness.

I believe love as sacrifice.

I believe love as await.

I believe love as devotion.

I believe love as divinity.

I believe love as nothing but everything in existence.

Love is what you think of it

Love is very predominant.

Love can set everything in fire.

It seems like love has won you

But the truth is, you lose yourself in love.

You lose everything which costs your love to blossom.

Losing in love is very mystical.

To win in love is the purest form of love which is so hard to exist.

It's very paradoxical to let yourself become submissive of pain, sufferings and anguish.

They might seem sweet but it the end they are just another form of nothingness

Which you should never be submissive of.

You are what you attain within

When a dew drop falls on ground, it diminishes in
minutes.
When a dew drop falls on oyster, it becomes a pearl.
When a dew drop falls on sea, it attains endlessness.

Nothing is at coarse and nothing is in sooth.
Nothing is accountable and nothing is virtuous.

It is just a span of time, a forever course of infinite.
Shallowness and little depths are confined in limits

Therefore, they outset every time.
The profound and deep insights never meet their
ends.

Therefore, their continuity outlives a possible
regardless time.

The universe- vibrant and poised

Universe, yes, the universe
Receives and creates the energies.
Its game of foreplay is beyond minds
We can only perceive and conceive.

Parallels could only hold on to their best distance possible
Then they meet in their beyond
Where either way they end or begin again.

Pain makes you grow

It is the pain that makes you grow.
What is the point to bleed and flow?
Every heartbeat out of which your life goes
Should enchant the lines that help it blow.
Make them reason behind your individual glow
Because it is pain that makes you grow.

Life cycle

It is good to be affected
When chaos goes all round.
Know when to unturn the bounds
It's the only way to renew your grounds.

Rejuvenation

When you hit your lows

You wish to never feel them again.

Being weak is not a choice of a wise

And you begin to build yourself stronger

That is how strength works and grows.

Once again

I have promised myself a life and

I am working hard to get it.

I have promised myself to be the best and

I am transforming for it.

I can become the one who I want to be

I am convincing my mind towards it.

Waits can get long.

Nights will get dark.

The hopes will crack, but

I will fight back all.

Once again, I will start from my experience.

Once again, I will learn from the start.

Once again, I will begin again to rise again.

Once again, I will do it all not to fall back but to win it all.

Heart is what it lives.

Sometimes, I wonder what makes this universe so attractive?

These nights filled with soothing shines

Or

Is it the moon and the stars?

Or

Is it the hopes in endless darkness?

Beside what eyes perceive, Heart is what it lives.

Where the magic lives

What I adored were the clear blues.

It was the splits that created that beauty.

The magic in the shine was nothing but the
unadorned usual.

This is where the magic transforms.

The unevolved side of greys.

The greys of transformation.

The greys of beauty.

The greys that set the clampdown.

And brings the unrecognised strength.

Seeking the desires

Not to settle for less until the universe brings me what I deserve.

But what do I deserve?

And how to become worthy of it to actually deserve it?

Everything feels a living chaos until that chaos finds a purpose in life.

It's a whole configuration where one has to evaluate in order to evolve.

Why I left unsaid

There is my side of the story, too.

It won't change whether I say it or not.

My story exists the way I do.

What they have is not my story but some parts of it.

I believe I owe nothing to anyone.

They can define me as they want.

I choose not to define.

I choose me.

I choose what I can be

And this is how it always will be...

Love is...

Love is not words
But it is all the unsaid.

Love is not the comfort
But it is all the awkwardness

Love is not larger than life promises
But it is small gestures of,
Respect
Care
Understanding

And
Support

Love is simple.
Love is not bound.
Love can never be said.

It is an eternity
But in a complex ground.

Wishful anticipation

Nights are beautiful
It soothes the blaze.
It represents the dark
Not to one's amaze.

It oppresses the bright
It deepens the shade.
It acts as a sharp blade
strokes the clotted knots in a single gaze.

The mental tiredness awaits the light
A blooming vision seems like a doom sight.
A fractured climb is the only option you see
Till time again sets you free.

Doubts and hopes

Will I ever be the same again?

I doubted the doubt and asked the hope.

Flaws once minced will sooth again?

I doubted the doubt and asked the hope.

Rectified mistakes could ever right me?

I doubted the doubt and asked the hope.

Will my pain ever heal?

I doubted the doubt and asked the hope.

Will my chaos ever adopt to calmness?

I doubted the doubt and asked the hope.

Will contentment ever take over the struggles?

I doubted the doubt and asked the hope.

The doubts grasped the hopes to lead the shores

But I always sailed in doubt of the entire journey

Without realising the two were the same, teaching two different aspects.
I might not be the same again but I will be no different, taught the both.

The self transfiguration

Go through your deeper pains

Happily take them like a gain.

Endure a selfless approach towards life

Live everything that makes your heart ignite.

Set out your soul on everything that makes it alive

Believe the universe will get you impeccable strength
to thrive.

The acquired art to rethink

Now that I think about what made me stronger

The answer comes in silent mode of conviction, 'The silence itself'.

When you heavy yourself with impatience, the patience comes to you naturally.

I have stopped seeking answers to the questions that are not framed by my mind.

I no longer feel the need to answer myself to anyone.

I have stopped seeking the answers that have raised questions on me

I relay on time to answer on my behalf because

When time answers

Everything comes to a validation in silent mode of conviction.

Love feels like how it is supposed to be

I have always been in wonder of the power of love.

How its uncertainties can impact and take a lead on life.

These lean on the selfish nature of almost every creature.

One doesn’t wish who establishes us, equals us, or even extols us.

One wishes who loves us whole heartedly.

Perhaps that’s the reason every other thing loses its charm in front of that love

and one can't see and feel anything beyond that.

The other sides

Little did I know what I was getting through.
I looked at sea which seemed to be endless
Now there, I aspired to be the one.
Little did I know the sheer sights are just to behold
Its unseen but existential measures demands
unbreakable expansion

The blues were being a beauty.
The sky was complementing it in an abide float.
I felt the calmness when they both gathered together
Now there I desired to have that magic of stillness.
Little did I know

The stillness that I dreamed of

Holds the kind of depths which are havoc itself.

I saw the birds singing in melody and enjoying their
freedom through their wings
Now there I got aspired to fly high and trust my
wings.
Little did I know

That their rhythmic melody also be their painful
sounds

Which they learnt to cherish in a poetic manner.

All I know is that I only thought of beautiful
beginnings.
Never knew where it will lead
What ends these beginnings will have.

Later I realised beauty only exists in the mind
It's the heart that faces the reality.

The lost self

I was open to everything.

I never restricted myself within certain boundaries.

I experienced everything in extreme.

Nothing ever came to me in limits.

Now I think what if I would have immunised myself to certain things?

What if they did not feel the way they did?

Would they still impact me the same as they had earlier?

As long as it's making me bigger and better, any thing is worth suffering.

Even the damage is worth happening if its core is reconstructing.

What you lived is who you are.

Prior to experiences

You go through process

which might be full of pain, sufferings and toxicity.

Experiences are lives, lived in themselves.

You know the struggles that were involved

to attain that piece of strength and your mental stability.

Never get it affected by others just because

they don't know how much you paid for it.

Value yourself

your process and

live who you are.

Where starts with when

When state of disparity turns.
When soul in misery burns.
When questions remain unfolded.
When all mind has is solely burden.
When seeks find no ends.
It's where the limit begins.
It's where the wait is due with answers.

Live the life you want to live

Until now you have lived

your fears

Your doubts

Your uncertainties

Your insecurities

Your restless nights

And

Dooms of mind

They never let hopes, shine and beliefs get your way.

Now live

Your courage

Your dreams

Your faith

Your voice

Your much awaited peace

And let your heart find its way.

Life does not happen on its own.

It is made to happen by giving the parts of you that builds it,

Better

Stronger

Beautiful.

Set the soul free

You see the cage and the bird inside it.

Its not the bird inside it but its flight.

Her flight is the sky.

You held the bird captivated in love

But what about her love?

Her love was freedom of her flight.

The cage made her fall in love with the sky even more

To the extent that the sky becomes her only limit.

Once she obtains the sky of her wings.

She will never come back to be held again.

This is what feels freedom to her.

This is what feels soul to her.

This is what she perceives love to be as

This is what she chooses to set her core at.

Creating oneself

When I began to create myself

I knew where I was flawed exactly.

I knew I could not fix anything until

I knew where the damage is.

Anything that requires change needs introspection.

The change comes from deep reflection.

The perspectives evolve in contradictions.

The clarity comes after resolving the confliction.

You can win from anything against you.

But first you have to win you against you.

Nothing can ever be attained if you are not on your side.

Everything will always be on lose if you do not know what to fight.

What the game is about?

What is more important?

To know the rules in the game

Or to play with the rules to be in the game.

Mastery is a virtue of victory.

Trust your potential.

Train yourself hard enough to play it best.

This is where the winning comes from.

That inner child

The mind is comprehensive.

It wants to grow rich in worldly experiences

But the heart is naive and wants to live like a child.

The heart wants to beat,

Wants to feel the rhythm of everything that brings life to it.

The child wants to be loved and cared

Wants to create and be in his own world

Than to live a life without any sense of ownership.

A child chooses everything that makes him happy

And willingly does everything to live and create that happiness.

Be like a child

This is where lies your companionship

With life and your happiness.

Tinted you

You need to own your life.

Leave that past behind.

Get rid off untouched corners.

Allow the vibes that make you feel afresh.

You live what you own.

Own your life.

Own yourself.

Leave everything that does not add beauty to your life.

Let nothing make you stay with anything tinted

Make everything beautiful on your own.

Such is life

The open sky.

And the soothing moonlight.

Such is life.

A mix of everything.

The eternity of darkness.

The eternity of light.

The eternity of hopes.

The eternity of smoothness.

The life we all seek.

The life we wish to live.

It is all magic

The magic lies in you.

You are a part of this universe

This universe is a mystical existence.

Here everything is a magic in creation.

So are you, my dear

A magical beauty in bliss.

A magical beauty in blissful formation.

The sea within

I am in all silences.

The universe shall give you answers for me.

What I believe is far more than what you can see

And what I hold is far more than what you can perceive.

Therefore, I am giving my all to the depths of the sea.

I am halting in it to learn the art of staying as quite as possible and waving as strongest as possible.

I am depending on its sync with the moon to bounce back in tides with time.

I am in all silences

Till the sea itself pulls back everything to shores.

The rule is mastery

Everything was a game

and I was never into it.

Nothing was in any kind of chase.

'What to seek and what to lose?'

Was beyond any desired state.

Then what brought me into this foul play?

What changed the game?

It is

the grounds,

the spirit,

the will,

to be in the game

and master it on my own.

Cinder knows the ignition.

It empowers itself to rise from ash.

This is how its destiny rules in misery.

This is how dark rules the night

And creates eternity of light.

What makes you?

Your thoughts build your character.

Your thoughts speak your morality.

You are what you speak.

You are your morals

And if any of these fail, so do you as a character.

Unsaying hearts

Reasons are answers in closures

But they need seekers

Who understand the language of unsaying hearts.

I will

I will heal myself

for all that I still can be.

I will rise

for those who want to see me shine.

I will become my best

for those who deserve my best.

The mind says

I can wait till eternity

but the question is of surety.

I can learn patience

but there should be no uncertainty.

It's all delusion here

What to keep and what to give?

What to find and what to leave?

Its all unrest till I find what I seek.

Till then

I am fading.

I am breaking.

I am losing, still hoping

for the day when everything finds its meaning.

Its me vs me...

I will fight back my childhood demons.
I will fight back my inner striving core.
I will fight back my loopholes.
I will fight back my traumatising demeanour.
I will fight back anything holding me back.
I will fight back and I will win it all.

Love is

Love is freedom and liberation
It is soulful and pure merge into existence.

Till I

Till I find my purpose
my meaning to life.
Its all in vain
Being everything in a countless domain.

Universe is there for you

But you are a child of this universe.
It has nurtured you and it will nurture you.
You have got its protection in your vulnerabilities.
Everything you feel is also being felt by universe with same intensity.
Whatever you seek, the universe knows it.
But it also knows what is best for you.
Trust the universe because universe is there for you.

Because it will happen

Every beginning finds its end.

Just be patient with time and

let yourself soak in.

Destiny will play its part.

Time will bring its seeking's to the heart.

Believe

If you believe it will happen

Then it will.

And if you believe it won't

Then it won't.

Doubt is a powerful force

Whose energy has the power of demolition.

Never ever let that power hinder your way.

Just believe in your dream strongly.

Just believe and see your dream happening.

Fight till the end

Over the years I have fought many battles.

If won some

then lost many.

If winning is a reward, then losing is a lesson.

One thing is sure

I fight.

I am aware that I am a fighter

Whether I win or lose

It does not matter.

I fight till the very end

and my fighting spirit will never shatter.

Let go

Let go of that pain.

Let go of that feel.

Let go of that moment.

Let go of everything

that is holding you back.

Make yourself free again

To live again

And to begin again.

Equals

The day equals the night.

The sun equals the moon.

The dark equals the light.

The two opposites fulfil each other.

This is how the universe exists

This is how it creates.

Only then

Your heart knows the way

Listen to what it says.

Master what you are good at

Only then life will serve you the best.

The hatred

The hatred in you

will stop you from

seeing the beauty of love.

The hatred in you

will stop you from

appreciating the existence of love.

The hatred in you will stop you from knowing

the worth of love in life.

Moreover, the hatred in you will stop you from knowing what it is like to be in love.

Hopes

Love may fade

but hopes never die.

Things fade in autumn

but blossom in spring again.

Because love may fade

but hopes never die.

Hopes can make life happen over again.

It is going to happen

You are going to make it happen.

You are going to live it.

Just believe it enough

Hope it enough

Then see it happening.

Rule

Rule your life

With all your heart.

And see yourself

Win at it every time.

The seed and life

The seed gets buried in the dark.

Goes through a shift.

Goes through a transition.

Goes through a phase.

Slowly and steadily, it catches its roots.

Slowly and steadily, it grows.

Slowly and steadily, it blooms in what it was meant for.

Growth is a process.

Epitome is a process.

Life is a journey of all this

Where you have to bury yourself

like a seed in order to bloom.

हिन्दी कविताएँ

प्रस्तावना

कविताएँ और कुछ नहीं जीवन की आशा हैं और अभिलाषा हैं जीवन का सार हैं और संवेदना हैं।

इस पुस्तक में एक आम जीवन के अनुभवों पर आधारित कविताएँ हैं । आशा है की इनकी धुन हर आम दिल तक पहुंचेगी जिसकी सोच गहरी है।

सूची

24. मेरी हस्ती

25. पंखों की परवाज

26. क्या तुम?

27. जिंदगी, आखिर क्यों?

28. आधा अधूरा मगर पूरा।

29. मुसाफिर तू कैद।

30. प्यार या सुकून?

31. [illegible]

32. एक रोज की चाहत लिए

33. वक़्त के मोहताज

34. आगे बढ़ते हैं।

35. वो जो पूरा होकर भी अधूरा है।

36. अरदास

37. बस इतना जिक्र हो।

38. तब कुछ बदलता है।

39. ना कुछ सही, ना कुछ गलत

40. कोशिशें

41. खुद से हो वो भी बंदगी

42. कुछ इस तरह बना हूँ मैं।

43. मौन

44. एक नया आगाज

45. दिल का वो एक कोना

46. तुम समझो।

47. तू बस कदम बढ़ा कर तो देख।

48. क्या तुमने?

49. बस तुम इतना करो।
50. तुम देखना।
51. मेरा हौसला
52. प्रेम
53. आईना
54. बहुत सी
55. बुलंदी

गहराइयाँ

ये तलाश क्या है?
कहाँ खत्म होगी ?
सोचा बहुत बार है दिमाग ने,
पर दिल कभी समझ नहीं पाया।

क्यों चाह रहा की कोई समझे मुझे?
क्यों आज तक मैं खुद को समेट नहीं पाया?
आखिर क्यों मैं खुद को तराश नहीं पाया?
ये अल्फ़ाज ये जज्बात सिर्फ मेरे हैं ,
पता नहीं ये बात मैं समझ क्यों नहीं पाया।

क्यों बाटने चला था मैं अपने आँसू?
क्यों उनको मोती से पानी करने चला था?
व्यथा बड़ी है पर इस सच से नहीं कि,
समंदर समा लेता है सब अपने अंदर
नदी क्या जाने गहरायी क्या चीज है।
फक़त ही लहरे उछल रही हो पर
बाहर आने पर उनका कोई वजूद नहीं है।

प्रतिफल ही प्रकाश है।

माना अंधियारों में है तू डूबा कहीं,
तेरा बोया बीज वक़्त के हाथ है।
तुझमें है खोया तू कहीं,
पर जो खो रहा वो तेरा आज है।
पल भी जो रहा अंधेरों में
तो इससे तुझे क्यों एतराज है ?
तू वक़्त के परीक्षण के इन खेलों में
क्यों भूल बैठा अंधेरों और उजालों में भेद नहीं
जो दोनों सूरतों में चमकता वो आकाश है।

कला की परिपक्वता की कीमत नहीं कोई
उसमें सम्पूर्ण होना ही उसकी उत्कृष्टता है।
तेरे निहित कर्म तू करता जा।
उसका प्रतिफल ही तेरा प्रकाश है।
उसका प्रतिफल ही तेरा प्रकाश है।।

बूँद से मोती बनना है तुम्हें ।

सब तुम में खामियां देखेंगे
लेकिन तुम सब में खूबियाँ ही देखना।
क्योंकि दुनिया भले ही मोती चुने
लेकिन वो सीप ही है जो मोती जड़े।

तुम क्यों चल रहे उनके उठाये सवालों के जवाब ढूंढने,
क्या इतना निरर्थक तुम्हारा आज है?
परेशान हो तुम आखिर इतने क्यों ?
क्या उनके शब्दों से पिघला तुम्हारा आत्मविश्वास है?

खूबी भले नहीं तुम में कोई पर एक खूबी रखना तुम
अपने मन में कोई बैर ना रखना तुम।
कभी दूर कर लोगे तुम अपनी कमियाँ भी
मुश्किल है भी ये तो सिर्फ आज है।

कल सब सही होगा।
वो वही होंगे लेकिन
तुम बेहतर होगे।
सोचोगे ,क्या पाते अगर उनके जवाब तलाशने लग जाते ?
वो तुम्हें तुम्हारी खामियां ना दिखाते
तो तुम उनकी खामियां कैसे देख पाते?

असल खामियाँ नजर आयी
तभी तुम उन्हें दूर कर पाये।

औरों की तरह मोती चुनने जाते
तो आखिर में तुम वो मोती से पहले
सीप का मोल कैसे समझ पाते।

बूंद से मोती कैसे बन पाते।

आसमान हूँ मैं

ऊँचा हूँ
तभी झुक कर खड़ा हूँ ।
आसमान हूँ मैं
मैं खड़ा हूँ ढककर ज़मीं को।
खामोशी में बुना हूँ ।
आसमान हूँ मैं ।
अपनी नियति में रहता हूँ ।

कभी उगते सूरज से जला नहीं मैं ।
कभी ढलते सूरज में ढला नहीं मैं।
विचलित धरती की ताप अंदर समेटता हूँ ।
आसमान हूँ अपनी नियति में रहता हूँ ।

नियति मेरी कई पीर सहे
तब जाकर ये धरती पले।

अंधेरों को मैं रोज जीता हूँ ।
असहज ही सब सहता हूँ ।
आसमान हूँ मैं

अपनी खामोशी में रहता हूँ।
ऊँचा हूँ तभी झुककर रहता हूँ।।

आजाद हो तू।

मुश्किलें तेरी कायल सही

राही तू भी आवारा है।

बेजान सी हैं ये चीजें महज

खयाली पिंजरे में कैद

पंछी तू भी आवारा है ।

ना जोर हवाओं का है ।

ना जोर वक़्त का।

आज़ादी नहीं है तेरी इन सबसे

आज़ादी है तेरी खुद से।

आज़ाद हो तू।

आज़ाद हो तू।

आज़ाद हो तू।।

तोड़ बंदिशें ,पंख फैला , नभ छू तू।

दिल की चाहत

दिल चाहे अब इस रात का अन्त हो।
इसे अब वो सुबह दिखे जहां इसे रोशनी ऐसी मिले
की फिर ना अंधेरे के सायं पलें।
अन्धियारा आसमान अब ना तारों में जले।
लालिमा बिखरे इसकी काया में
ताकि फिर एक नया सूरज उगे
दिल चाहे अब इस रात का अन्त हो ।

बस खामोशी से सब देखना तुम।

खामोशी से सब देखना तुम

व्याकुल हृदय के भेद ना खोलना तुम।
पीड़ा भले ही असहनीय आज है

असहज ही सब सहना तुम क्योंकि
निहित तुझमें कर्म का प्रकाश है।

आहत तू नहीं तेरे अहसास है।
आज महसूस कर ले इनको, इनके हक़ का
तेरे हक़ में भी इन तजुरबों का इनाम है
तब तक वक़्त की डोर थामे रखना तेरा काम है।
अदा होगा उसका भी जो आज तुझ पर इल्जाम है ।
बस खामोशी से सब देखना तुम

व्याकुल हृदय के भेद ना खोलना तुम।

सफरनामा

एक बेहतर रोज में ,
हमने आज की शामें जलायी हैं।
उजालो के सायं की चाह में ,
रोज एक शमा की लौ जलायी है।
क्या कीमत उस परवानगी की जिसे
देखने से ही आँखों को सुकून मिला।
क्या वजूद उन तकलीफ़ों का
जो मंजिलों पर मिट चला।।

अपने जीवन का राम है तुझे बनना।

अपने जीवन का राम तुझे है बनना।
कर्तव्य और उद्देश्य से पीछे नहीं है हटना।
खुद को सरल और सजग है तुझे रखना।
अपने मूल्यों से,अपने आदर्शों से तनिक भी नहीं भटकना।

हैं हितैषी संसार में बहुत मंथरा जैसे,
एक माँ के वात्सल्य को छलने वाले।
नींव को तिनके से हिला पूरी बुनियाद विनाश कर जाने वाले।
जीवन में उस मंथरा से है तुझे बचना
उस कुपित सोच से तू संभलना।
अपने जीवन का राम है तुझे बनना

कर्म पथ पर ना कोई संबंध तेरा ।
ना कोई मोह का डेरा ,ना कोई अधिकार तेरा।
तुम सदा ही धर्म पर चलना।
अपने जीवन का राम है तुझे बनना।

मन का आईना

कितनी ही शामें हैं जो खुली आँखों में झांकती हैं ।
सुकून देकर खुद हमें ही जलाती हैं।
अजीब ही कशिश होती है इनमें जो
अंधेरे में भी उसके पार देखने की कोशिश कराती हैं।

हम अँधेरों में एक छिपा हुआ सा सच तलाशते हैं ।
इनकी खामोशी में अपने अन्दर के शोर को छिपाते हैं।
कोशिश करते हैं अपनी अलग दुनिया बनाने की
क्योंकि इस सच के परे हम एक झूठी दुनिया जीते हैं।
जहां शायद थक जाते हैं यूं ही मुस्कराते- मुस्कराते
यूं ही बेवजह गुनगुनाते- गुनगुनाते ।
सोचते हैं हमारी धुन में कोई उसकी तंज पहचानेगा
उस धुन के गीत में शब्द नहीं कोई हमें देखेगा।
छिपते छिपाते बस यूं ही बचना सीखा है।
भूल बैठे हम खुद में ही खुद का आईना हैं।
बेपरवाह इन अंदाज़ों से खुद को थामने चले थे।
भूल बैठे थे दुनिया कोई भी हो
उसकी बनायी रवायतों में जीना ही पड़ता है।
हक़ीक़त और उम्मीद के बीच रहना ही पड़ता है।

बस मन का आईना ही वो कड़ी जिसने

मुझे दुनिया से जोड़कर भी उससे बहुत अलग रखा है।

अश्क

दर्द मुस्कराता भी है।
दर्द खुलकर खिलखिलाता भी है।
बाहर आकर बेजान होने से डरता है शायद
इसीलिए वो खुद ही खुल के जीना सीख जाता है।

हर अश्क अपनी कहानी कहते हैं।
कयी बार राज पर्दों में छिपे होते हैं ।
हँसीं सबसे खूबसूरत हक़ीक़त है और सबसे हसीन धोखा भी
लेकिन ये अश्क हमेशा सच्चे होते हैं।

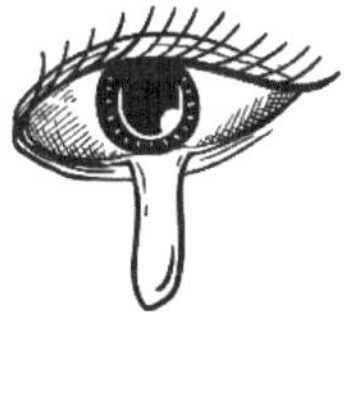

बेजारी

खुद से कैद की
खुद से रिहाई कैसे हो ?

दूसरों से तो छिपाना सीख ले
खुद से खुद को कोई कैसे छुपा पाये?

दूर से सिर्फ तस्वीरें नजर आती हैं
ये वो फरेब हैं जो असलियत छिपाती हैं।

खुद में टूटा हो तो पूरा हो के भी
वजूद मुकम्मल नहीं हो पाता।

खुद से नापसंदगी का कोई दौर नहीं होता
ये वो जमाना है जिसका कोई हाफिज़ नहीं होता।

चांद

हम रोज रात को चांद देखते हैं।
चांद,जो सूरज की जलन समेटे है
फिर भी ठंडी छांव बिखेरे है।
उसकी कलाएँ जो इतना मोहती हैं
ना जाने कौन सी दास्ताँ कहती हैं।

इसके हर जर्रे में ये कैसा सुकून है
जो जलाए इसे समय के हाथों
फिर भी तक़दीर इसकी अँधेरों के हाथ है।
कैसे ना जिये ये वो अंधेरे
ये अंधेरे ही उसकी रोशनी के चिराग हैं।

यूं ही नहीं दुनिया इसे सराहती
जो जल के भी ना जलाए

उसमें वो जलन की आग है।
उसमें वो जलन की आग है।

आचरण

कुछ हिस्सा हो इस आसमां का जैसे इन तारों में।
तक़दीर सिमट गयी हो इनकी जैसे इन हद्दत हज़ारों में ।
कभी धूप सा तेज तो कभी तृप्त सी शीतल काया।
आधार बनी शिला है ये तो अनुभव इसकी माया ।
संरचना भी यहां एवं नियम का सत्य भी यहां ।
अनुभव से ही प्रवृत्ति चलती ,हर प्रकृति की यही संवृति ।

फिर वही , बस यूँ ही ....

नया नहीं है कुछ भी
बीते पल उजागर हुये आज हैं ।
हक़ीक़त से वाक़िफ़ था जेहन पहले भी
आज भी वाक़िफ़ हक़ीक़त से ये अहसासात हैं ।
फिर क्यों इन ठहरी हुयी सी बूंदों में नहीं कोई बहाव है ?
इन बूंदों का मुक़द्दर शायद मोती है
तभी इनमें ये ठहराव है ।
इस दर्द में कोई बात है।
इस दर्द में कोई बात है।

यूँ जीवन अलग बन पाता है।

सूरज की चमक का चांद कब रंज मनाता है
वो तो उसकी आग समेट कर खुद और शीतल हो जाता है।
देख कर अंबर के तारे दिन, रात से ,कब बैर लगाता है?
बिना कर्म-चक्र के कहां किसी का अस्तित्व टिक पाता है।
किसी में कुछ अधूरा है तो किसी में कुछ पूरा
इसी असंतुलन से ही तो हर जीवन प्राकृतिक संतुलन में बद्‌ध हो पाता है।

है आग तो

है आग दिल में तो उसे खुल के जलने दे।
हवा देकर इसे लपट बनने दे
वरना मद्धम सी आंच के ये अंगारे खुद जलकर तुझे जलाएंगे।
किस्सा ये खत्म कर हवा दे या फिर बुझने दे

पर इस आग में तू खुद को मत जलने दे।

अहसासात

अगर मलाल नहीं दिल को तो
कुछ भी जाया नहीं हुआ
अपनी चाहतों की तू
बस इतनी समझ रख।

बारिश की बूंदें ।

बेसब्र आंखों का इंतजार हैं ये।
बेताब उम्मीद सा एक खुमार हैं ये।
बेकैद वजूद के ये मोती जब भी
हथेलियों में पड़ते हैं।
एक वक्त से छिपी हंसी जैसे
चेहरे पर निखरते हैं।

एक बच्चे की मासूम मुस्कान बन ये बारिश की बूंदें ।

पाकीजगी सी रूह में उतरती हैं

ये बूंदें कोई ना कोई कहानी जरुर कहती हैं।

सफर के कुछ और कदम।

कुछ और रातें अभी बाकी हैं।
खुद से कुछ और बातें अभी बाकी हैं।
कुछ और फरियादें अभी बाकी हैं।
होगा मुकम्मल सफर हमारा भी
बस सफर के कुछ कदम अभी और बाकी हैं।

दस्तक

दिल पर जो दस्तक महसूस हुयी है
ना जाने हमें किस ओर ले चली है।
क्या ये दस्तक बीती कोई परछाई है ?
जो आज फिर उभरने चली आई है।
अब जब दस्तक ने आवाजें सुनायी है
तो क्यों ना जमी धूल हटायी जाए,
परत दर परत खोया कुछ पाया जाए ।
नये सिरे से सब कुछ फिर आजमाया जाये।

मुझे पसंद है मेरा 'मैं' होना।

बहुत फक्र होता है जब मेरा नरम दिल पिघलता है।
यूं ही किसी की मुस्कुराहट देख खुद हँस पड़ता है।
आंसू अपने हो या पराये, क्या फर्क पड़ता है।
जब तक है मुझे याद की दर्द सब को ही होता है।

हाँ शायद जवाब नहीं देने आते मुझे
चालाकियों से अपने दिल का कोशों का नाता है।

पर इतने नासमझ भी नहीं की होशियारी और तंज ना समझ सके।
बेपरवाह नहीं हैं हम।

हमारा दिल भी दुनिया के ढंग परखने का हुनर जानता है।

मजा नहीं औरों के जैसा हो जाने में ।
रब है ना वो मेरी नियत की सादगी समझता है।
गुरूर नहीं ओढ़ना मुझे दुनिया के रंगो में ढ़लने का
भीड़ में भेड़िया बनने का।
हम परेशान ही ठीक हैं अपनी कोरी सी हस्ती में
जिसकी नाज़ुक सी कसती को सागर भी डुबोने का दम नहीं रखता है।

सूरज से इश्क़

मन एक कोना हमेशा आबाद रहा

और एक कोना हमेशा बर्बाद।

जब शाम ढलती है तो ये पता नहीं होता की

वो कल को आबाद करेगी या बर्बाद।

जब तक सूरज हिस्से है तब तक जिंदगी है ।

सूरज से बेहद इश्क़ है मुझे।

इसकी तपिश जब हद से ज्यादा बढ़ जाये तो सहन नहीं होती

पर उस जलन से कुछ जल जाये उसमें वो आग भी नहीं होती।

सूरज की आग में जीवन है, गति है।

ये वो इश्क़ है मेरा जिसमें मेरी जिंदगी है।

इल्म

अपने इश्क़ अधूरे छोड़ दिये थे मैंने
हाल तो आज सा होना ही था।

अब तो आलम ये है की समझ नहीं आता
हम वक़्त से शर्मिंदा है या वक़्त हमसे।

ये वक्त की साजिश है

या फिर गुनाह हमसे ही हुआ था।

मेरी हस्ती

कच्ची मिट्टी सी थी शख़्सियत अपनी
खुद को बस जैसे तैसे ढालना चाहा।
ना तो कभी सांचा बन पाया

नाही कोई वजूद निखर पाया।

बहुत तपना पड़ा खुद को रंग रूप निखार देने में।
आज भी शख़्सियत मिट्टी सी है
और वजूद की कीमत भी मिट्टी की।
तप- तप के सोना बनेंगे फिर एक बार ढेर होने के लिए।

पंखों की परवाज

वो जो पंछी को आजादी दे, पंख नहीं

उसकी आसमान में उड़ने की चाह होती है।

जो जिंदगी को आबाद करें, वो हम नहीं

हमारे ख्वाब और उनको हकीकत करने की आजमाइश होती है।

पंछी के हिस्से सिर्फ उड़ान होती है लेकिन आसमान वो खुद चुनता है
वरना वो पेड़ों में भी तो अपना बसेरा बुनता है।

क्या तुम?

क्या तुम खुद को संभाल पाते हो ?

या

आज भी अपने कमजोर लम्हों में सहारा ढूंढते हो ?

या

उनसे बेचैन होकर खुद के लिए किनारा ढूंढते हो ?

क्या तुम आंसुओं को हँसीं से ढकना सीख पाये?

या

अपना गुस्सा खुद पर उतार कर दर्द सह लेते हो ?

क्या तुम खुद को खुद के काबिल बना पाये?

या

आज भी खुद को खुद में नहीं, दूसरों की नजरों में देखते हो ?

जिंदगी, आखिर क्यों?

क्यों ले जाती है ?

उस मोड़ पर तू जिंदगी जहां हम जाना नहीं चाहते।

क्यों बनाती है?

वो सिलसिला जिसे हम निभाना नहीं चाहते।
क्यों तेरी इम्तिहानों की डगर मेरी समझ परखना चाहती है?
क्यों इस बदलते वक़्त के दौर में तू मेरी शख़्सियत भी बदलना चाहती है?

आधा अधूरा मगर पूरा ।

कोई आरजू रही अधूरी तो क्या गम है।
कुछ जज्बात हुए जाया तो क्या हर्ज है।
जीने का सबब अधूरा ही सही
अगर पूरी करनी ही पड़े जिंदगी कर्ज के तर्ज पर
तो फिर बेबसी और बेजारी में कहां फर्क है।

मुसाफिर तू कैद।

मुसाफिर तू कैद

तेरा वजूद ही तेरी मंजिल

और तुझे उसकी ही तलाश है।
सफर में जब भी तू इसे तराशेगा

आज में कल की बीती गलतियों से होकर गुज़रेगा।
उलझनों के बीते लम्हे आज के गहरे जख्म बन जायेंगे
नासूर बनके चुभेंगे जब भी वो लम्हे याद आयेंगे।

इस आजमाइश में वो तुझे सब सिखाएगा
तू याद रखना कि बीता कल ही तेरा आज बनाएगा।
तेरा हर वो लम्हा जहां तू कमजोर पड़ेगा
तेरे आने वाले कल को कयी पछतावे और दर्द से भरेगा।

बुनियाद अपनी तू इतनी मजबूत रखना की उसकी नींव को कुछ भी ना हिला सके।
अपनी कमजोर नब्ज तू याद रख ताकी कोई और ना उसे दबा सके,
क्योंकि मुसाफिर तू कैद

तेरा वजूद ही तेरी मंजिल

और तुझे उसकी ही तलाश है।

प्यार या सुकून ?

खूबसूरती का जिक्र सुनकर
खूबसूरती के कायल बने।
फिर नजरों के धोखे
जिन्दगी की हक़ीक़त बने।
जब उम्र ने तजुरबे किये तब महसूस हुआ
खूबसूरती नजरों की होती है
और सुकून दिल का।

परवाह

परवाह करना सीखिये अपनी ज़िंदगी की।

उसकी ढलती शामों की।

उसकी आती सुबह की।

उसकी बेहतरी में खुद को मसरूफ़ रखेंगे तभी

एक दिन वो आप पर मगरूर होगा।

एक रोज की चाहत

आज मैंने जिंदगी को फिर पीछे छोड़ा है।

किसी चाहत में नहीं

किसी उम्मीद में नहीं

बस यूँ ही ,बेवजह

शायद इसे खुद से मिलाने के खयाल में

हम एक रोज एक- दूसरे से मुतासिर हो पाये।

वक़्त के मोहताज

कुछ दर्दों की दवा नहीं होती

दिल सिर्फ महसूस कर सकता है।

जिंदगी तय करती है की

ये कितना और कब तक चुभेंगे।

आगे बढ़ते हैं।

कब तक जीयेंगे कल में ?

चलो, आगे बढ़ते हैं।

कल के सवालों को छोड़कर

आज के जवाब ढूंढने निकलते हैं।

कल की कहानी लिखने

आज से आगे बढ़ते हैं

चलो हम अपने कल बदलते हैं।

वो जो पूरा होकर भी अधूरा है।

इश्क़ छोड़ दिये थे मैंने अपने

शायद ये मायूसी उसी की रुसवाई है।
बेईमानी से चले हुए रास्तों ने कहां पनहा पायी है ।

आज भी अन्दर की आवाजें हैं जो दबती नहीं ।
उनकी चोटों ने अभी तक कहां मरहम की हवा पायी है।
कैसे निकल आये हम बीते कल से
जहां हमने अपनी दुनिया छिपायी है।

कुछ हक़ीक़तें फरेब होती हैं
और कुछ मुस्कानें मायूसियों से ढकी होती हैं।
शायद यही जिंदगी की सच्चाई है
पूरी तरह मुकम्मल होकर यहां किसने पनहा पायी है।

अरदास

काबिल बनूँ मैं अपनी मंजिल के

काबिलियत मिले मंजिल के सफर को जीने की ।

इंतजार लंबा मिले तो भी मलाल नहीं

सब ला-हासिल रहे जब तक मैं उसके काबिल नहीं।

बस इतना जिक्र हो।

आगामी कारवां से मंजिल तक के सफर में

यही ख्वाहिश और इल्म हो।

मुकम्मल रास्तों में सबके हिस्से लेकिन

सफर में कदमों के अधूरे पन का , सिर्फ मुझे खबर हो ।

मेरे सफर की कहानी में ,

मेरे किरदार बस इतना जिक्र हो।

तब कुछ बदलता है।

यूँ ही नहीं बदलती दास्तानें करवटें

उनको नयी शुरुआत देनी पड़ती है।

उनके अनचाहे मोड़ को अंजाम देने की जिम्मेदारी लेनी पड़ती है।

कीमतें चुकानी पड़ती हैं

और कयी बार वो कीमतें हम खुद होते हैं

तब जाकर कुछ बदलना शुरु होता है।

ना कुछ सही, ना कुछ गलत

नजर का फर्क है और नजर तजुरबे की मोहताज है।

इसे नजर का असर कह लें या तजुरबे का

जिन नजरों ने सूरज की तपिश में सुकून ढूंढा हो

वो चांद की खूबसूरती नहीं, अधूरापन देखती हैं।

यहाँ हर कोई अपनी जिंदगी में सही है

क्योंकि उनका गलत उनकी जिंदगी ने उन्हें पहले ही समझा दिया है।

कोशिशें

जीने के तरीके बदलने पड़ते हैं।

आदतें बदलनी पड़ती हैं ।

इन बदली हुयी आदतों से ,

खुद को बदलना पड़ता है।

कुछ यूँ ही नहीं बदल जाता

नित -नित हर एक कल से आज बदलना पड़ता है।

खुद से हो वो भी बंदगी

गलत दिखता है तो फिर कुछ बदलता क्यों नहीं?

लोग समझते नहीं या फिर खुद से कुछ बदलते नहीं।

मुझे गलत पर चलना नहीं आता ।

बात सहने की होती तो सह लेते

पर मुझे अपने जमीर से समझौता नहीं आता।

सच वही है जिसमें खुदा बसता है

और मुझे अपने खुदा के बगैर रहना नहीं आता।

कुछ इस तरह बना हूँ मैं ।

गलती कर-कर के आज खुद से सही हुआ हूँ मैं ।
नाज उठाने से पहले बहुत बार शर्मिन्दा हुआ हूँ मैं ।
कभी भी उम्र को सबक से छोटा नहीं समझा मैंने।
जिंदगी को तजुर्बों से बड़ा किया है मैंने।
कुछ इस तरह गिर-गिर कर आज खुद को खड़ा किया है मैंने।

मौन

लोग चीख नजर अंदाज करते हैं।
आंसू नजर अंदाज करते हैं।
ना जाने इंसान को किस मिट्टी से बनाया है भगवान ने
जो वो आंख बंद करके हर चीज बे एहसास करते हैं ।

ध्यान जाता है उनका मौन पर
मौन सब को बहुत अखरता है।
शायद इसलिए क्योंकि वो चीखे, वो आंसू और वो वेदना
उनको उस मौन में सुनायी और दिखायी देने लगते हैं।

एक नया आगाज

भूली बिसरी दिल की हर बात को एक कोना देकर
आगे उन कोनों से बढ़कर तू दिल को एक नया मकाम दे।
कब तक कड़वी यादों का बोझ दिल सहेगा
कभी ना कभी तो इस बोझ तले वो भी टूटेगा।
आखिर कब तक तू उन टुकड़ों का बोझ समेटेगा?
खोल दे हर गिरह जिसे तूने बांधे रखा है।
हर बिखरे हिस्से को तू एक अंजाम दे दे।
रिहा कर दे तू खुद को
जिंदगी को आज तू एक नया आगाज दे दे।

दिल का वो एक कोना

दिल में यादों का एक पिटारा हमेशा बंद रहता है।
हिम्मत नहीं होती कभी उसको खोलकर जीने की।
कहते है वक़्त के साथ- साथ हर घाव भर जाता है
फिर पता नहीं दिल का वो हिस्सा आज में कैसे इतना
असरदार रह जाता है।

इंसान है ना मजबूत रहते-रहते बिखर ही जाता है
फिर इक दिन तन्हाईयों में उससे वो बंद पिटारा खुल ही जाता
है।
जहां उसे सब सच और सही महसूस होता है
जहां वो अपनी आज की हक़ीक़त से रुबरु होकर मेहफ़ूज़ रहता
है।

ना चाहते हुए भी वो इक रोज उन जज्बातों से घिर जाता है,
जहां उनसे वो अकेले में अपने आंसुओं से लड़ता है
जो उसे और कमजोर कर देते हैं,
उसे फिर से हिम्मत देने के लिए।
बस इसी तरह हर इंसान मायूसी से मजबूत बनता है।

तुम समझो।

अगर बहुत सी बातें दबी हैं तुम्हारे अंदर
तो उन्हें कह दो, पर बात खत्म करो।

अगर तुम आंसू जला रहे हो
तो एक रोज उन्हें निकाल दो, मन शांत करो।

अगर उदासियों में लिपटी हुयी शामें हैं तुम्हारे हिस्से तो
सुबह की मुस्कान का इंतजार करो, तुम रोशनी का दीदार करो।

तुम्हारे बेचारे होने से कोई नहीं पिघलता यहां
सब मजबूत हैं तुम भी मजबूत बनो।

दिन रात वही रहते हैं पर जिंदगी हर दिन नयी दस्तक लिए
खड़ी रहती है।

पुरानी बातें भूलो तुम एक नयी शुरुआत करो।

तू बस कदम बढ़ा कर तो देख।

कुछ कदम में तू थक गया

ऐसे कैसे तू रुक गया?
बहुत मजबूत माना था ना खुद को

फिर ऐसे कैसे तू टूट गया?

सबके जैसे तो तूने जिंदगी को नहीं जाना
दिन रात के हिस्से में इसे बस जिये जाना।
तूने तो धूप से है इश्क़ किया
रातों को आंखों की नींद नहीं,

दिल का ख्वाब है दिया।

तू दुनिया की तरह बेफजूल हक़ीक़तों में उलझ ही गया।
आखिर क्यों तू खुद के आगे आसानी से झुक गया?तुझे है ना याद?

की तलाश का मतलब अपने अंदर कुछ अंजाना सा पा लेना होता है
नाकी दिल की चाहत को दुनिया की भीड़ में ढूंढ़ लाना।

क्या फायदा फिर तेरी हर आजमाइश का
जब तूने भटक कर खुद को ही खो दिया।
है सब तेरा तू हक़ जमा कर तो देख
बस एक बार सच्ची नियत से सर उठा कर तो देख।

क्या तुमने?

तुम बात करते हो दुनिया की
पर क्या तुमने खुद को कभी बदलते देखा है?
खुद में कल और आज में कोई फर्क देखा है?
तुम आसमान की बात करते हो पर ,

क्या जमीन की ठोकर से संभलना सीखा है?
तुम बात करते हो अपने दर्द की पर ,

क्या तुमने कभी खुद को मुस्कुराहट बांटते देखा है?
तुम बात करते हो अपनी बेजारी की पर ,

क्या तुमने कभी किसी और का हाल-ए-दिल पूछा है?

तुम इतने नादान हो की तुम्हें कुछ दिखता नहीं
या फिर तुमने कभी कुछ समझना सीखा ही नहीं।
यहाँ सोचने से कुछ नहीं बदलता।
चाहने से कुछ नहीं मिलता।
कोशिशों का हाथ थामना पड़ता है।
सफर का साथ निभाना पड़ता है।
कदम-कदम पर कारवां बनाना पड़ता है।

बस तुम इतना करो।

आज सारी बातों को अनसुना करो।
डर के साये से तुम खुद को रिहा करो।
वो जो आवाज तुमने दबा के रखी है ना
वो ही तुम्हें तुम्हारी मंजिल तक ले जायेगी
हर शोर को दबा बस उसे सुना करो।

तुम देखना।

आज आंखें झुकी ही सही
खुद पर नाज भी ना सही।
लेकिन लड़ना छोड़कर खुद को

अपनी नजरों में गिरने ना दो।
खुद को थोड़ा-थोड़ा रोज उठाओ

खुद को फिर रोज थोड़ा-थोड़ा चलना सिखाओ।

कभी ना कभी तो बीज जड़ पकड़ेगा ही।

मेरा हौसला

माना मेरे आसमान में गर्दिश बहुत थी।

काली अंधेरी रातें बहुत थी

पर एक तारा है जो टिमटिमायेगा,

जिसका उजाला बहुत दूर तक जायेगा ,

क्योंकि मेरा मन सूनेपन से नहीं डरता।

कद किसी का कितना भी बड़ा क्यों ना हो

मेरा हौसला कभी नहीं हारता।

प्रेम

प्रेम में विषमता है।

प्रेम में जटिलता है।

प्रेम में कुछ भी सादा और सरल नहीं ।

अगर प्रेम है तो वहां निश्चित ही

अपेक्षा है,

हानि है,

दुर्बलता है।

आईना

एक इंसान दूसरे इंसान के लिये आईना हो जाता है

लेकिन वो ये खुद भूल जाता है

की आईना खुद अपने ही पीछे महज एक दाग है।

बहुत सी

बहुत सी उलझनों को सीने में कैद कर

मुस्कुरा कर सफर में चल पड़े हैं ।

सवालों के शोर को अनसुना कर

खुद जवाब बनने निकल पड़े हैं।

बहुत झुके है वक़्त के आगे

अब वक़्त को अपने आगे झुकायेंगे।

बहुत जले हैं धूप ही धूप

अब सांझ में भी पनहा पायेंगे।

बुलंदी

रोज ही थक के टूट जाती है यहां,
ये बुलंदी भी बुनियाद बेमिसाल मांगती है।

रोज घुटनों के बल थक जाती है कोशिशें भी,
मंजिल सफर में खूब कदमो का हिसाब मांगती है।

बहुत चोट सहनी पड़ती है अंदर ही अंदर,
तब जाकर दुनिया पीठ थपथपाती है।

This book, 'a ruminative heart ', is a collection of poems both in Hindi and English. This poetry book is written by Akanksha Singh. It is her first debut book in poetry. She believes that feelings have no language but we need words to emote them. Poems are words framed in a melody. Poems can help us feel and heal in a remedial way.

She is dedicating this book to all the ruminative hearts who think too much, feel too much and live too much.